Das Auer
Rechtschreibheft
4

Arbeitsheft

Ruth Dolenc, Christel Fisgus, Gertrud Kraft, Edeltraud Röbe, Heinrich Röbe

Überarbeitung der Ausgabe S:
Renate Behrendt, Efrosini Caravassili, Eva-Maria Hiller

Sprachwissenschaftliche Beratung:
Prof. Dr. Rolf Bergmann

Ausgabe S

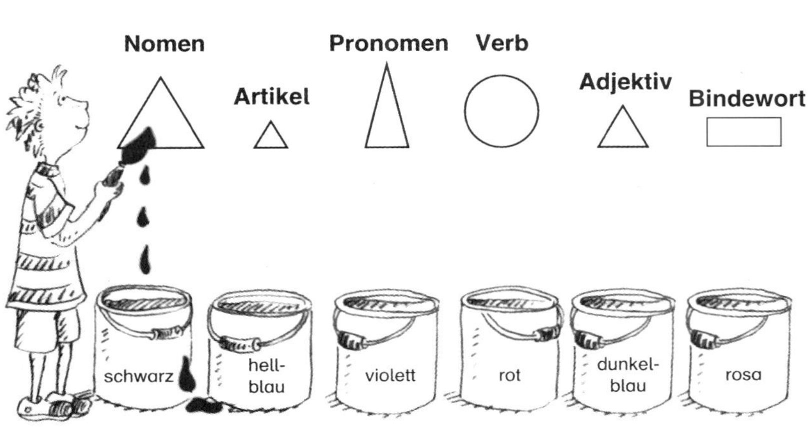

Auer Verlag GmbH

Inhalt

Buchstabieren

Deutsche Buchstabiertafel

A	= Anton	J	= Julius	Sch	= Schule
Ä	= Ärger	K	= Kaufmann	T	= Theodor
B	= Berta	L	= Ludwig	U	= Ulrich
C	= Cäsar	M	= Martha	Ü	= Übermut
Ch	= Charlotte	N	= Nordpol	V	= Viktor
D	= Dora	O	= Otto	W	= Wilhelm
E	= Emil	Ö	= Ökonom	X	= Xanthippe
F	= Friedrich	P	= Paula	Y	= Ypsilon
G	= Gustav	Q	= Quelle	Z	= Zacharias
H	= Heinrich	R	= Richard		
I	= Ida	S	= Samuel		

Internationale Buchstabiertafel

A	= Amsterdam	J	= Jerusalem	S	= Santiago
B	= Baltimore	K	= Kilogramm	T	= Tripoli
C	= Casablanca	L	= Liverpool	U	= Uppsala
D	= Dänemark	M	= Madagaskar	V	= Valencia
E	= Edison	N	= New York	W	= Washington
F	= Florida	O	= Oslo	X	= Xanthippe
G	= Gallipoli	P	= Paris	Y	= Yokohama
H	= Havana	Q	= Québec	Z	= Zürich
I	= Italia	R	= Roma		

Wenn man beim Telefonieren Wörter buchstabieren will, verwendet man oft eine Buchstabiertafel. Flipp hat damit eine Geheimbotschaft geschrieben:

Wilhelm-Ida-Richard
Theodor-Richard-Emil-Friedrich-Friedrich-Emil-Nordpol
Ulrich-Nordpol-Samuel
Berta-Emil-Ida
Friedrich-Ludwig-Otto

1. Übersetze Flipps Botschaft!

2. Buchstabiere deinen Namen mit der deutschen Buchstabiertafel!

3. Kennzeichne in den Buchstabiertafeln die Vokale blau und die Umlaute orange!

4. So könnt ihr mit den Tafeln üben: Ein Kind buchstabiert ein Wort. Die anderen hören konzentriert zu und versuchen, das gesuchte Wort zu finden.

5. Ihr könnt eine eigene Buchstabiertafel entwerfen: Dazu könnt ihr Namen von Speisen oder Tieren oder eure Lieblingswörter nehmen.

Buchstaben – Silben – Wörter

Das Alphabet im Rückwärtsgang

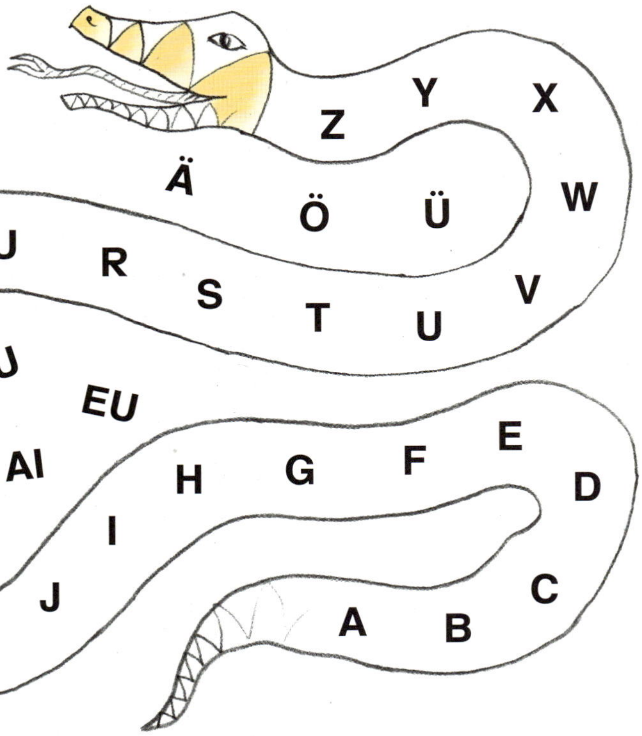

Kennst du das
ZYX?
Für den Könner
ist das nix.

WVU,
TSRQu.
Siehst du wohl,
das geht im Nu.

PONM,
LKJI.
Aufgepasst!
Das schadet nie.

Noch mal Gas,
dann sind wir da:
HGFE,
DCBA.

(1) Kennzeichne Konsonanten und Vokale in dem Gedicht mit unterschiedlichen Farben!

Konsonanten-Schlange:

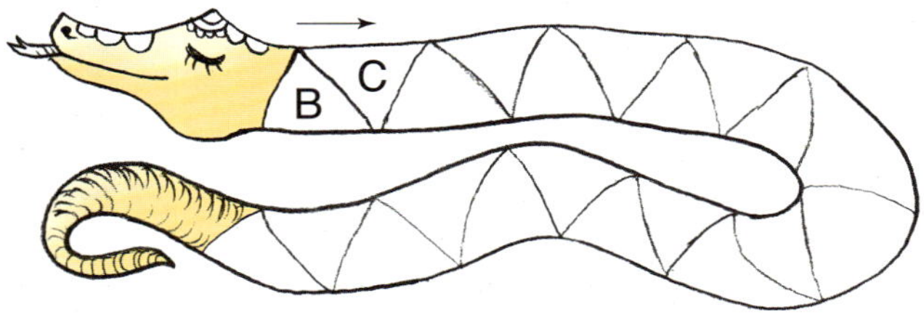

Doppellaut-Schlange:

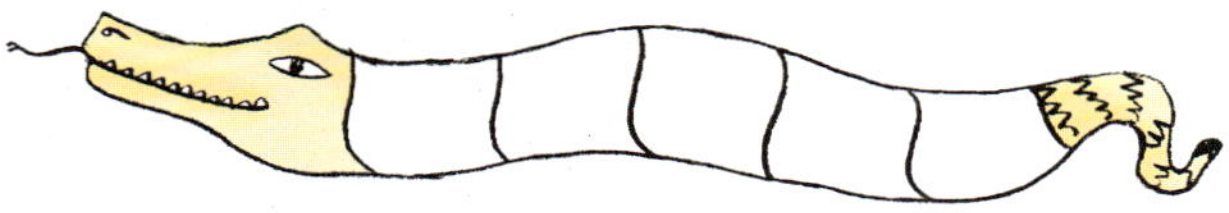

Vokal-Schlange:

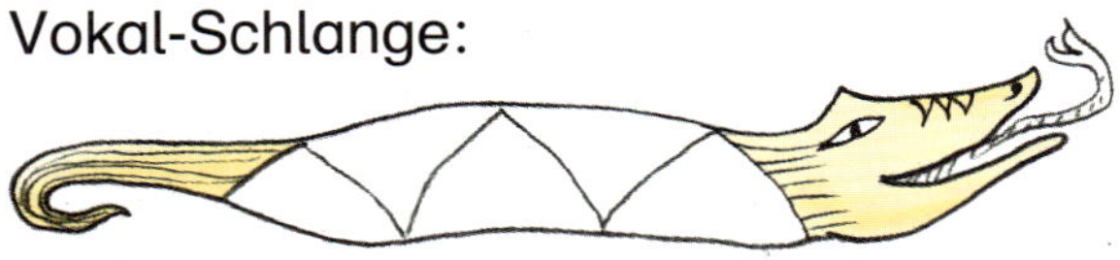

Umlaut-Schlange:

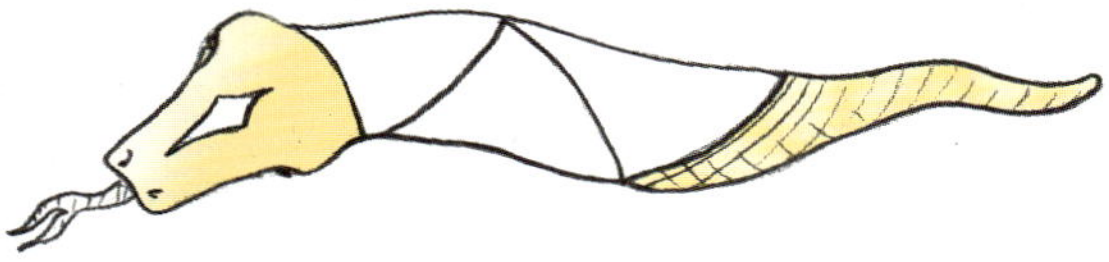

(2) Füttere die Schlangen mit den richtigen Buchstaben!

Silbenrätsel für Mitsprech-Detektive

fant - Wie - pa - me - schwein - E - wurf - Pa - sel -
Dro - chel - se - gei - Maul - Ha - le - Sta - dar

____

____

____

(3) In diesem Silbenrätsel sind sieben Tiere versteckt. Schreibe sie auf!
Ihre Namen sind Mitsprechwörter.

Wortbausteine: Nach den Ferien

In den Ferien	Nach den Ferien
wir wander n	wir sind *ge* *wander* *t*
wir spiel en	wir haben
wir ver reis	wir sind
wir bad	
wir les	
wir mal	
wir schwimm	

(1) Setze die Endungen der Verben ein!

(2) Was hast du in den Ferien gemacht? Schreibe auf und kennzeichne die Bausteine!

Heute	Gestern
ich schlaf e	ich habe
ich kletter	
ich turn	
ich schreib	

(3) Vervollständige die Liste! Kennzeichne die Bausteine!

(4) Schreibe auf, was du in den Ferien getan hast!

baden – gebadet, klettern – geklettert, lesen – gelesen, malen – gemalt, schlafen – geschlafen, schreiben – geschrieben, schwimmen – geschwommen, spielen – gespielt, turnen – geturnt, verreisen – verreist, wandern – gewandert

Wortbausteine

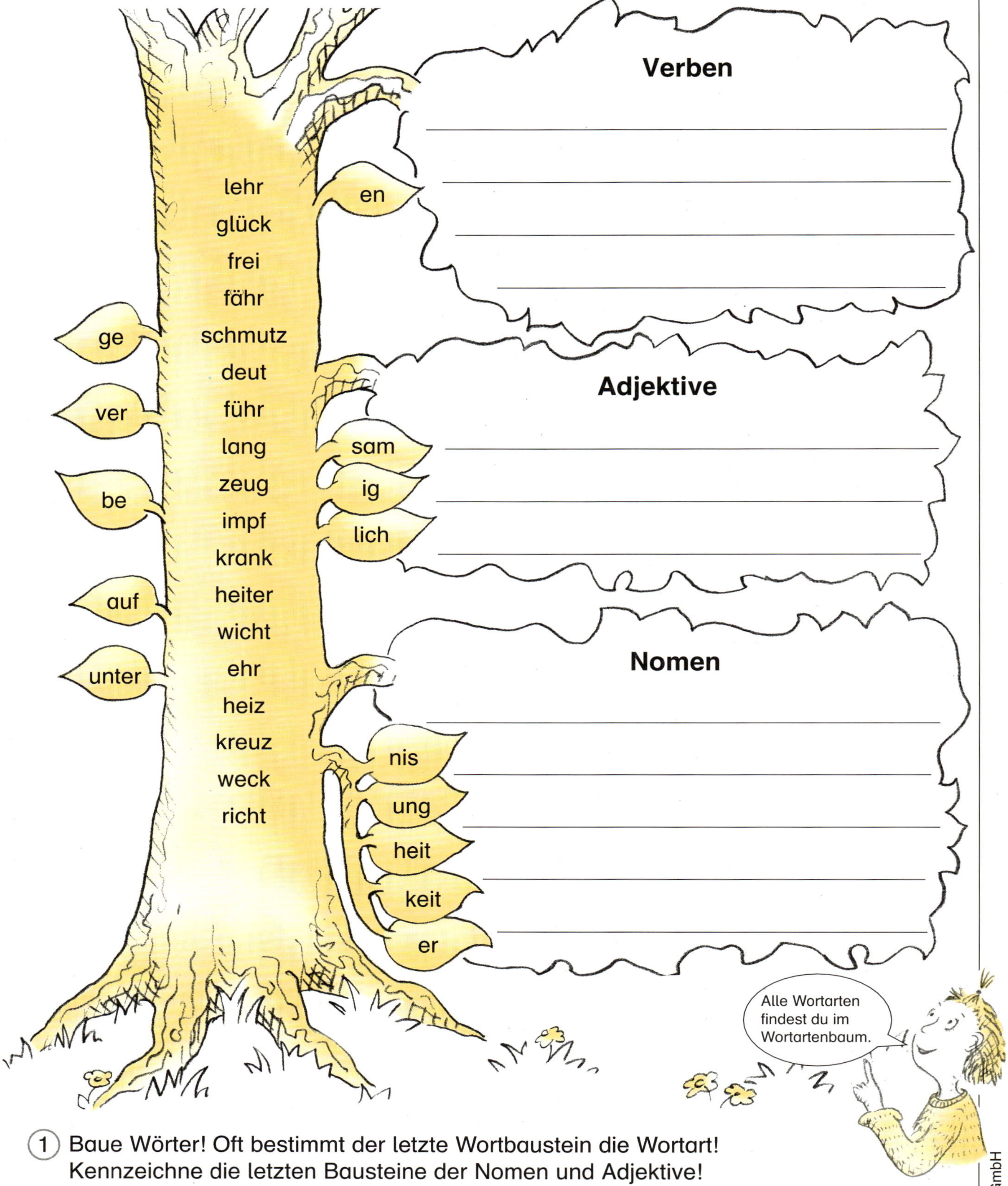

(1) Baue Wörter! Oft bestimmt der letzte Wortbaustein die Wortart!
Kennzeichne die letzten Bausteine der Nomen und Adjektive!

deutlich, ehrlich – die Ehrlichkeit, die Freiheit, die Führung, gefährlich, glücklich, die Heiterkeit, die Heizung, die Impfung, die Krankheit, die Kreuzung, langsam, richtig, schmutzig, der Unterricht, verschmutzen, wichtig, das Zeugnis

Tipps zum Übungstext: Jeder trägt Verantwortung

Nachdenk-Tipps:

tr __ gt : wir ________

__ antwortung : ☐ ☐ ☐ ☐

Hun __ : viele ________

t __ glich : jeden ________

__ ltere : Die Frau ist ________ .

erlau __ t : wir ________

Mü __ : ________ • I I

To __ e : ________ • I I

Kla __ e : ________

kö __ en : ________

nieman __ : Ich sehe ________ .

Merk-Tipps:

__ iele : ________

__ ierten: ________

__ re: ________

f __ rt : ________

__ m: ________

Stra __ e : ________

① Schreibe die Wörter richtig auf!
Welche Tipps helfen dir?
Fülle die Sterne und Computer aus!

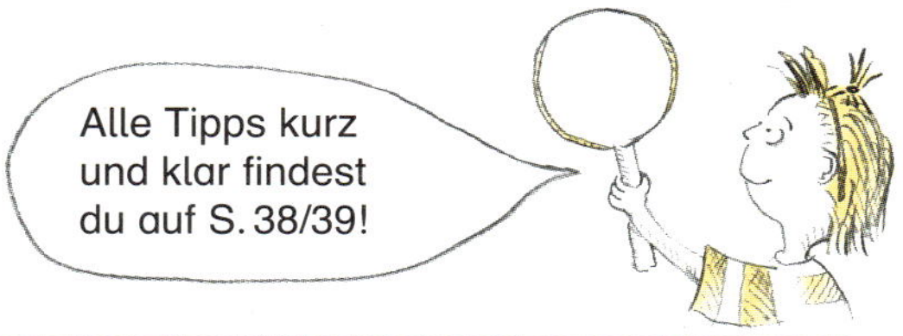

älter – alt, er erlaubt – erlauben, er führt, der Hund – die Hunde, ihm, ihre, die Klasse, können, der Müll, niemand – niemanden, die Straße, täglich – der Tag, die Tonne, er trägt – tragen, die Verantwortung, viele, vierten

Silben-Grusel-Salat

Ein oft mit Hexen befreundetes Tier ist die ________________.

Dieses Tier kratzt mit seinen ________________.

Ein schleimiges Kriechtier ist die ________________.

Oben im Turm läutet die ________________.

Hexen können mit ihren langen Nägeln ________________.

Die Geister ________________ an die Tür.

Manche Hexen tragen lange ________________.

Gespenster rasseln mit den ________________.

Die ________________ ist ein achtbeiniges Tier.

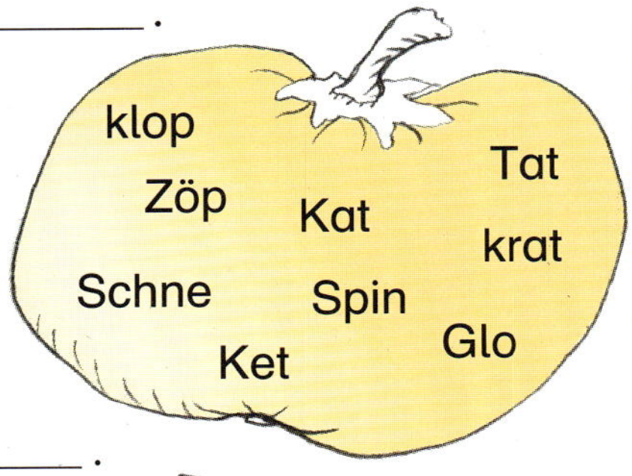

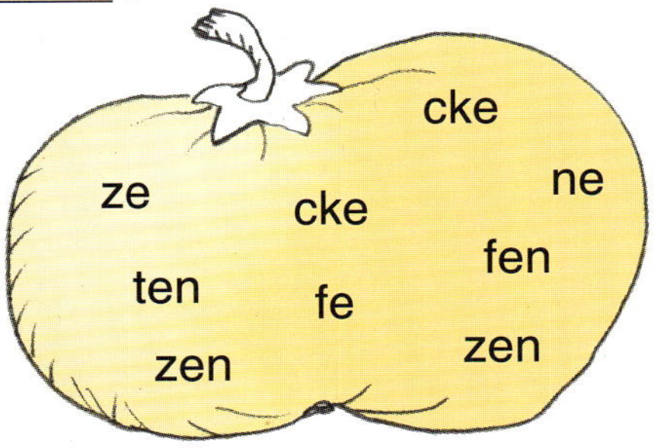

① Schreibe die passenden Wörter in die Lücken! Ihre Silben findest du in den Kürbissen. Schreibe die Wörter mit getrennten Silben auf!
Schreibe so: *Kat - ze*

Regelkarten zum Trennen

Doppelte Konsonanten: *trennen*

tz:

pf:

ck:

② Setze in die Regelkarten „trennen“ oder „nicht trennen“ ein!
Schreibe auf die leeren Karten passende Beispiele!
Arbeite mit der Wörterliste (S. 41–48) oder dem Wörterbuch!

③ Lege Regelkarten zum Trennen für Wörter mit (ng) und (nk) an!

blitzen, drücken, hüpfen, die Katze, die Ketten, kratzen, letzte – letzter, nützen, schimpfen, die Schnecke, schützen, die Spinne, die Spitze, die Zöpfe

Trenne nie (ck)!

Sieben kleine Wasserschnecken

wollen gern am Wasser schlecken!

Sie - ben klei - ne Was - ser - schne - cken

wol - len gern am Was - ser ______________!

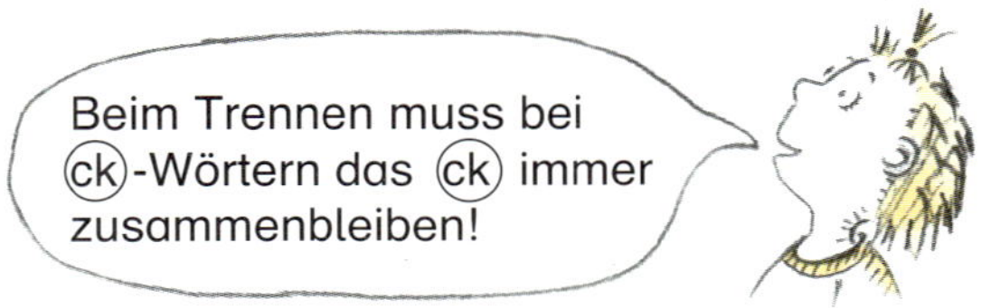

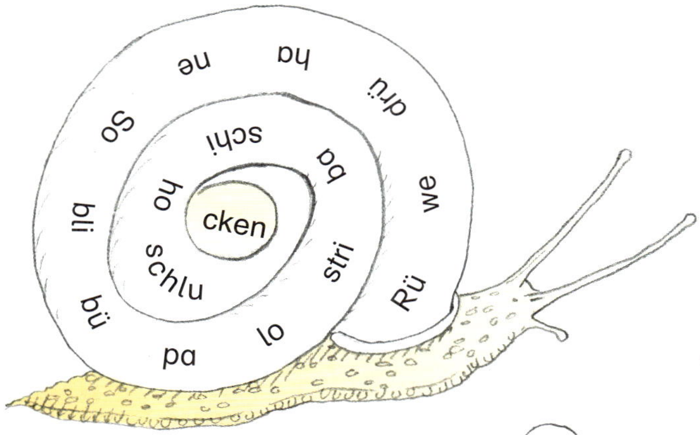

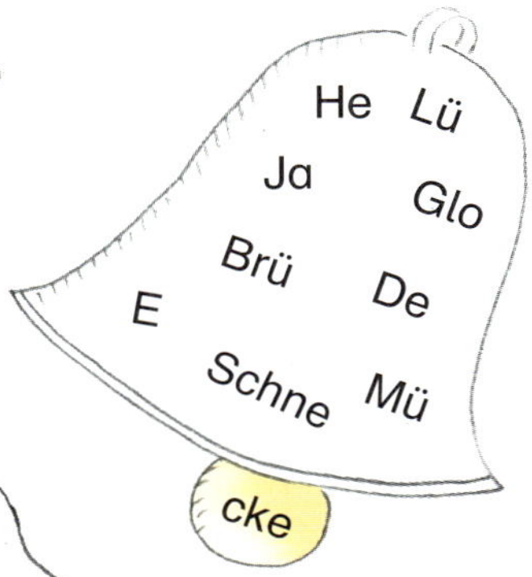

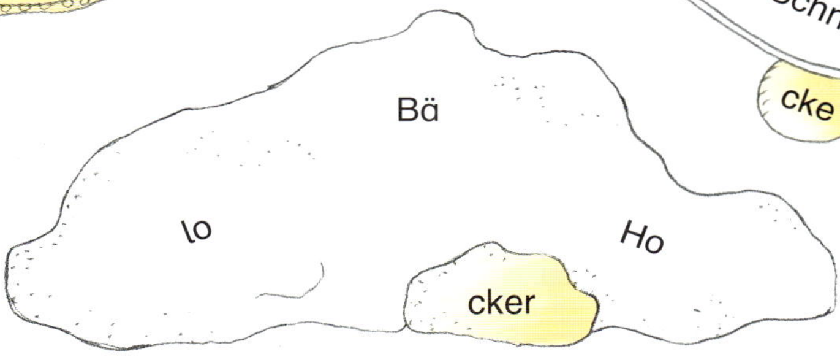

(1) In den Bildern sind Wörter versteckt. Schreibe möglichst viele auf und trenne sie!
Schreibe so: *schicken → schi - cken*

backen – der Bäcker, der Block – die Blöcke, der Dreck – dreckig, die Ecke – eckig, das Glück – glücklich, die Hecke, packen – das Päckchen, der Rücken, schlucken

Wörter mit (V/v) V/v ver vor

Vor- und ver- und viel und vier,
vom, von, voll, brav, das merke hier!
Auch Vater, Vogel, Vers und Vieh,
sowie das Volk – vergiss es nie!

(1) Schreibe den Spruch ab! Schreibe die Wörter mit (V/v) in verschiedenen Farben!

be	vier	zehn	ig
da	voll	ständ	
	vor	zig	
	von	leicht	
	viel	mehr	

(2) Bilde Wörter mit (v) und schreibe sie auf! Markiere (v) rot!

(3) Bilde Sätze! Verwende darin möglichst viele Wörter von Aufgabe 1 und 2!

bevor, brav, davor, verbinden, vergessen, verlieren, versuchen, vielleicht, vierzig, voll – vollständig – völlig, die Vorfahrt, die Vorsicht – vorsichtig, vorstellen, vortragen

Manchmal klingt (v) wie (w)

1. Schreibe die Wörter auf! „Makiere (V/v) rot!

Wörterdschungel

KEZNOVEMBERDASW
FOEUTRVASEMLDOT
BEZTJHEJEUGHVKI
FVULKANLRIUGEWK
VMKGTDTUAERSNIH
SYZEPMIROSIWTXT
ABKFNKLAVIERIGY

Der elfte Monat im Jahr: ____________

Ein feuerspeiender Berg: ____________

Ein Tasteninstrument: ____________

Die Zeit vor Weihnachten: ____________

In ihr stehen Blumen: ____________

Dadurch pumpst du Luft in den Schlauch: ____________

2. Löse das Rätsel! Kennzeichne die Wörter mit (V/v) im Wörterdschungel farbig!

3. Beschrifte das Bild! Schreibe Sätze mit den (V/v)-Wörtern auf! Markiere (V/v) rot!

die Lava, der November, der Vampir, die Vase, das Ventil, das Video, der Vulkan

Nachschlagen im Wörterbuch

I	E	L	R	T
Y	D	B	N	

(1) Schreibe die Nachbarn der Buchstaben auf!

Das erste Wort mit F/f: ____________ Das letzte Wort mit B/b: ____________

Das längste Wort mit T/t: ____________ Das kürzeste Wort mit E/e: ________

Drei besonders lange Wörter mit Sch/sch: ________________________________

____

(2) Suche die Wörter in der Wörterliste (S. 41–48) und schreibe sie auf!

fröhlich – Fluss – fett – Fuchs – Fichte

besser – Beruf – Bett – bevor – beginnen

(3) Ordne die Wörter! Richte dich nach dem zweiten oder dritten Buchstaben!

Woche — Weg — wollen — werden

Wasser ________ ________ ________ ________ Wut

blind — Beruf — bereits — Block

beißen ________ ________ ________ ________ Boot

(4) Ordne die Wörter!

die Butter, das Ei, die Fahne, das Thermometer

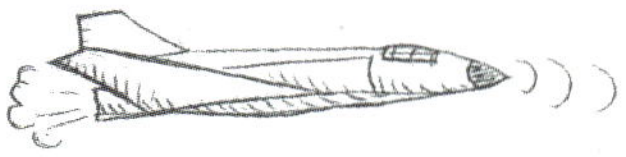

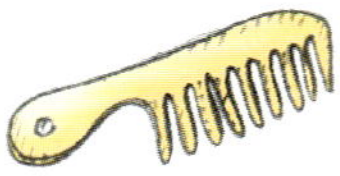

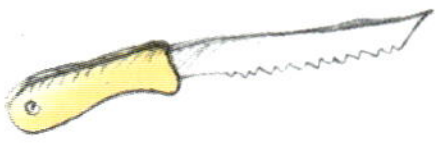

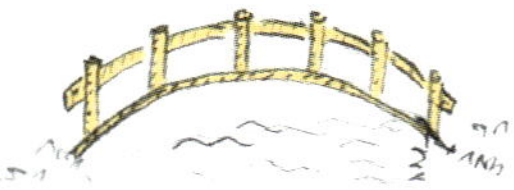

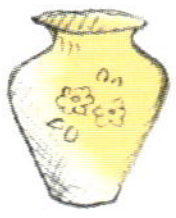

① Schreibe die Wörter unter die Bilder! Schlage dazu in der Wörterliste nach!
Welches Wort steht in der Wörterliste darunter? Schreibe es in die zweite Zeile!

An zwei Stellen nachschauen

C/c **K/k**

____omputer ____usine ____amping ____arussell

Ä/ä **E/e**

____rgern ____nte ____rde ____rztin ____ndern

② Schlage die Wörter im Wörterbuch nach! Notiere jeweils den richtigen Buchstaben!

Fehler finden

Moni fürt das Pfert auf die Wise.

③ Unterstreiche die drei Fehler im Satz! Schlage im Wörterbuch nach!
Schreibe den Satz richtig auf!
Mit welchen Tipps hätte man die Fehler vermeiden können? Zeichne die Symbole!

ändern – anders, ärgern, die Ärztin – der Arzt, das Bett, die Brille, die Brücke,
das Flugzeug – die Flugzeuge, der Löffel, das Messer, das Pferd – die Pferde, die Wiese

Abschreiben in Portionen: Starke Kinder

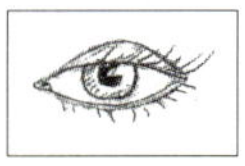 1. Zeile lesen!

 2. Schwierige Stellen markieren!

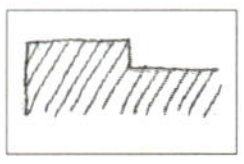 3. Zeile abdecken!

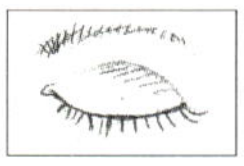 4. Zugedeckte Wörter vorstellen!

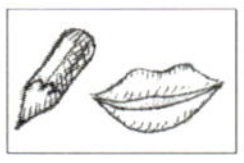 5. Gemerkte Wörter in die leere Zeile schreiben und dazu sprechen!

 6. Aufdecken und kontrollieren, ob jedes Wort, jeder Buchstabe stimmt!

Starke Kinder

halten felsenfest zusammen,

Pech und Schwefel,

die sind gar nichts gegen sie.

Ihren Rücken

lassen sie sich nicht verbiegen,

starke Kinder, die zwingt

keiner in die Knie.

(1) Schreibe den Liedtext von Rolf Zuckowski in Portionen ab!
Deine falsch geschriebenen Wörter sind Übungswörter.

Übungswörter	Tipp

Übungswörter	Tipp

(2) So arbeitest du mit Übungswörtern: Schreibe das Wort richtig in die erste Spalte!
Notiere daneben den passenden Tipp!

Wörtersteckbriefe

Buchstaben 8 | Laute 6 | Silben 2

käuflich

Bausteine

ä → a
äu → au

äu

Tipps

Lupenstellen

Einkaufskorb

s

Schlussverkauf

Spielzeug

① Ergänze die Steckbriefe!

Verpackung, Abteilung, verkäuflich, Ordnung, Einkaufstasche, Süßigkeit,
Angebot, auffällig, Werbefachmann

Ver pack ung

② Zerlege die Wörter aus dem grauen Kasten in Bausteine!

Ver-pa-ckung

③ Zerlege die Wörter aus dem Kasten in Silben!
Markiere Vokale, Umlaute und Doppellaute farbig!

Wortliste für Kaufwörter

Markiere die Lupenstellen!	Schreibe ab und kontrolliere!	Verbessere!
Warenangebot		
Preisschild		
Süßigkeit		
Zeitungsanzeige		
Werbung		
Einkaufszettel		

Abschreiben in Portionen: Einkaufen

Wie können wir

gezielt einkaufen?

Vor dem Einkauf

ist es nützlich,

einen Einkaufszettel zu schreiben.

Überlege dir genau,

ob du etwas dringend brauchst.

Manche Wünsche

lassen sich

auch später erfüllen.

1 Schreibe den Text mit dem Tipp von Flipp auf S. 14 ab!

Übungswörter	Tipp

Übungswörter	Tipp

2 Arbeite mit deinen persönlichen Übungswörtern wie auf S. 14!

Mit Adjektiven vergleichen

Hier bleibt der Hauptbaustein (Wortstamm) gleich:

 dünn  dünn er  am dünn sten

 klein  ____________  ____________

 süß  ____________  ____________

 laut  ____________  ____________

Hier verändert sich der Hauptbaustein (Wortstamm):

 hoch  ____________  ____________

 kalt  ____________  ____________

(1) Setze die Adjektive in die Vergleichsstufen! Achtung: Drei Wörter brauchen ein Verbindungs-(e)! Kontrolliere mit der Wörterliste!

Wer weiß es?

1 Gramm, **leicht**, 1 Tonne, 1 Kilogramm

Eisen, **hart**, Diamant, Holz

Mauersegler, **schnell**, Gepard, Antilope

Mount Everest, **hoch**, Zugspitze, Feldberg

1 Kilogramm ist leichter als ____________

____________ *ist am leichtesten.*

____

____

____

____

____

____

(2) Vergleiche die Begriffe miteinander!
Schlage oder frage nach, wenn du dir unsicher bist!

dünn, hart – härter, hoch – höher, kalt – kälter, klein, lang – länger, laut, leicht, schnell

Verben mit kurzen • | | und langen – | Vokalen

a

malen

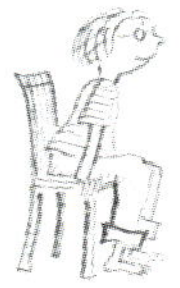

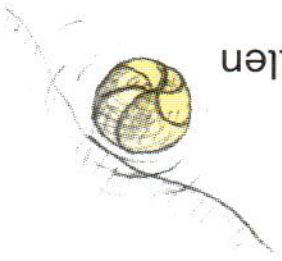

1. Klingt der betonte Vokal oder Umlaut in den Verben lang oder kurz? Schreibe ihn auf und kennzeichne mit • oder –! Schreibe das Verb darunter! Kennzeichne mit • | | oder – | !

bücken, donnern, fallen, fressen, helfen, hocken, hoffen, klettern, messen, putzen, rennen, rollen, sammeln, schmecken, schütteln, schwitzen, sitzen, sollen, wollen

Regelkarten: ·| | oder –| ?

Regelkarten: **Beispiele:**

Regelkarten	Beispiele
Nach einem kurzen betonten Vokal/Umlaut ______ ______ Oft sind die zwei Konsonanten ______	
Nach einem langen betonten Vokal/Umlaut ______ ______ Doppellaute ______ ______	
Nach einem kurzen betonten Vokal/Umlaut steht statt kk ______.	
Nach einem kurzen betonten Vokal/Umlaut steht statt zz ______.	

① Setze in die Regelkarten ein: *stehen zwei Konsonanten/gleich/ steht ein Konsonant/ck/tz/sind immer lang*

② Schreibe in die Wortkarten daneben Beispiele! Du findest sie im Wörterkasten oder in der Wörterliste. Markiere die Vokale, Umlaute oder Doppellaute mit • oder – und die Konsonanten mit | | oder |!

der Beruf, bisschen, der Blick, der Blitz, der Donner, das Gewitter, niemals, nützlich, das Öl, plötzlich, der Schalter, der Stoff, tausend, trocken, die Zeitung, zurück

Die Grundform hilft! GF

GF ______________________ → du ______________________

GF ______________________ → du ______________________

GF ______________________ → du ______________________

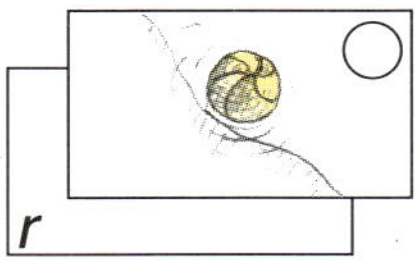

GF ______________________ → du ______________________

1. Sprich zuerst das Verb in der Du-Form! Schreibe die Grundform auf!
   Kennzeichne • | | oder – | ! Schreibe dann das Verb in der Du-Form auf!

Grundform	*können*			
ich				
du	*kannst*		*lässt*	
er/sie/es		*kennt*		*trifft*
wir				
ihr				
sie				

2. Suche die Grundform und setze die Verben in alle Formen!
   Was verändert sich am Hauptbaustein (Wortstamm)? Kennzeichne es!

kennen – du kennst, können – du kannst, lassen – du lässt, lesen – du liest,
rennen – du rennst, rollen – du rollst, schwimmen – du schwimmst, treffen – du triffst

Wortliste: Verbformen • I I – I

Grundform	Gegenwart	1. Vergangenheit	2. Vergangenheit
sagen	*ich sage*	*ich*	*ich habe*
holen			
tragen			
rufen			
werfen			
streiten			
schneiden			
beißen			
vergessen			
kommen			
fallen			
beginnen			

(1) Setze die Verben in die verschiedenen Zeitformen! Klingt der betonte Vokal kurz oder lang? Kennzeichne mit • I I oder – I! Kontrolliere! (Im Gewusst-wie-Heft ist noch mehr Platz für Verbformen!)

Berufe mit Zukunft

Ben erzählt:
Ich werde Erfinder. Dann baue ich Roboter, die alles können. Sie werden mir vorlesen, meine Wohnung kehren und mich zur Arbeit fahren. Manchmal muss ich sie sogar schimpfen, weil sie so gern Unsinn machen.

Laura berichtet:
Ich will einmal Astronautin werden. Dann rase ich mit einer Rakete auf verschiedene Planeten im Weltraum. Dort untersuche ich den Boden und die Luft. Ich bin gespannt, ob es auf dem Mars Leben gibt. Vielleicht entdecke ich dort Seen und Algen oder Moose.

Jan meint:
Ich will Entdecker werden. Hier auf der Erde ist längst noch nicht alles bekannt. Wenn ich eine neue Tierart oder eine neue Pflanze finde, bekommt sie meinen Namen. Dann werde ich Reisen in den Urwald unternehmen und spannende Abenteuer bestehen.

h

aa ee oo

V/v

ver vor

ent

GF

1 Suche Mitsprechwörter, Nachdenkwörter und Merkwörter! Markiere die Lupenstellen!

alles, fahren, kehren, das Moos, ich muss – müssen, der See, das Tier, vorlesen

Nicht verwechseln: chs

Grundform	Ich-Form	Du-Form	Er/Sie/Es-Form
wechseln	wechsle	wechselst	wechselt

Wir-Form	Ihr-Form	Sie-Form
wechseln	wechselt	wechseln

(1) Bilde Sätze mit allen Formen des Verbs (wechseln)! Kontrolliere!

umwechseln	Wir ____________ uns ____________.
Abwechslung	Zwillinge kann man leicht ____________.
Wildwechsel	Ich ____________ große Scheine ____________.
abwechseln	Der Trainer ____________ den Torwart ____________.
verwechseln	Es handelt sich um eine ____________.
Reifenwechsel	Beim Essen möchte ich ____________.
Verwechslung	Ein Verkehrszeichen warnt vor ____________.
auswechseln	Der ____________ kostet 25 Euro.

(2) Ordne zu und ergänze die Sätze!

der Dachs, der Fuchs, sechs, wachsen – das Gewächs, wechseln – verwechseln

Wörter mit dem Wortbaustein ent

täuschen lassen scheiden decken wickeln warnen sorgen führen zünden

entscheiden	*die Entscheidung*

1 Bilde neue Verben mit dem Wortbaustein ent!
Schreibe die passenden Nomen mit dem Wortbaustein ung dazu!

den Film | Mama | Oma | entkernte

die Pflaumen | der Güterzug | der Fotograf | entgleiste

vor dem Tunnel | entwickelte | die Windschutzscheibe | entfrostete

2 Was passt zusammen? Bilde mit den Satzgliedern sinnvolle Sätze!

entdecken – die Entdeckung, entgegen, entscheiden – die Entscheidung, entwickeln – die Entwicklung

Fremdwörter FW

das Handy · die Information · die Skizze · das Camping · der Scanner · das Radio · der Text · das Programm · die Pizza · die Medien · die Diskette · das Taxi · das Theater · der Magnet · der Kompass · das Lexikon · das Thermometer · der Mixer · der Artikel · die Lakritze

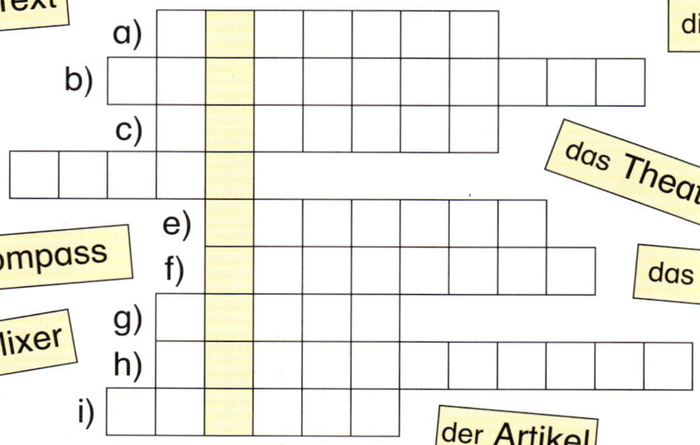

a) Lateinischer Begriff für Begleiter des Nomens.
b) Damit misst man die Temperatur.
c) Ein Gerät, mit dem man Texte und Bilder als Daten in den Computer einlesen kann.
d) Ein Telefon für unterwegs.
e) Urlaub im Zelt oder im Wohnwagen.
f) Schwarze Süßigkeit.
g) Das kann man in einem italienischen Gasthaus essen.
h) Eine Nachricht oder eine wichtige Mitteilung.
i) Er zieht Teile aus Eisen an.

① Löse das Kreuzworträtsel! **Lösungswort:** ____________________

____

____

② Erkläre das Lösungswort!

____

____

____

____

____

____

③ Ordne die Wörter, die um das Kreuzworträtsel herum stehen, nach dem Alphabet!

> das Handy, die Information, der Kompass, der Magnet, die Medien, die Pizza, das Programm, das Recycling, der Scanner, die Skizze, die Temperatur, das Theater

Wortliste: Fremdwörter FW

	Markiere Merkstellen!	Schreibe ab und kontrolliere!	Lass dir diktieren! Kontrolliere!	Verbessere!
	das Europa			
	interessant			
	das Camping			
	boxen			
	das Quadrat			
	das Theater			
	die Jeans			
	mixen			
	das T-Shirt			
	der Toaster			
	der Clown			
	die Technik			

Lernplakate für Fremdwörter mit (in) und (ine) FW

Wörter mit (in)

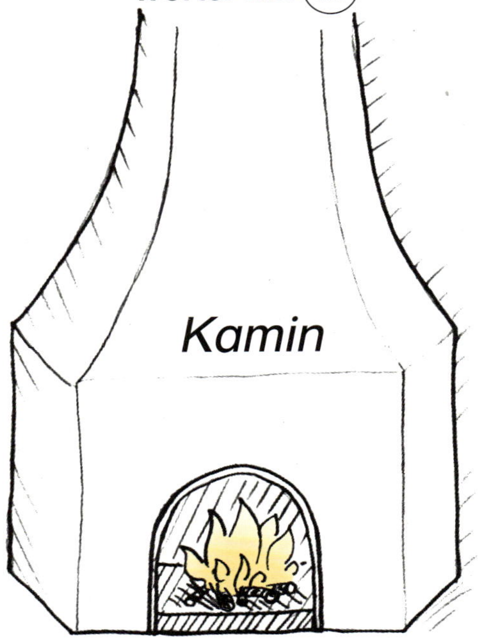

Wörter mit (ine)

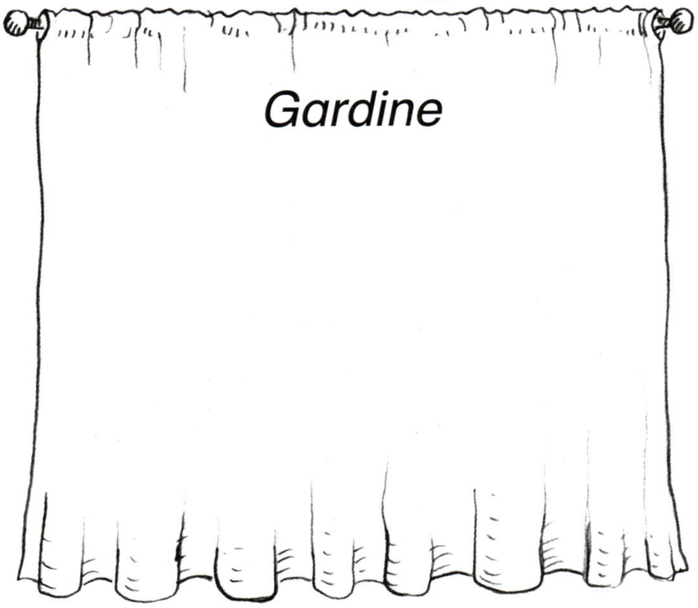

(1) Schreibe die Wörter mit (in) und (ine) in das passende Plakat!
Verwende verschiedenfarbige Stifte!

Maschine, Rosine, Kamin, Mine, Ruine, Marine, Benzin, Termin, Kabine, Vitamin, Apfelsine, Lawine, Sardine, Gardine, Kusine, Medizin

(2) Spielt Bingo zu viert!
- Immer ein Kind der Gruppe ist der Spielleiter.
- Jeder sucht sich aus dem grauen Wörterkasten zwölf Wörter aus und schreibt jedes Wort in ein anderes Kästchen. Keiner darf sehen, welche Wörter die anderen geschrieben haben.
- Der Spielleiter liest die Wörter aus dem Kasten langsam durcheinander vor. Die Mitspieler kreuzen die Wörter an, die sie eingetragen haben.
- Wer als Erster eine senkrechte, waagerechte oder diagonale Reihe angekreuzt hat, ruft „Bingo!“ und hat gewonnen.

das Benzin, die Gardine, der Kamin, die Maschine, die Medizin, die Rosine, das Vitamin

Offene und geschlossene Silben

rauchen	zischen	lodern	brennen
speien	knistern	brodeln	prasseln
schüren	leuchten	glimmen	zündeln

(1) Markiere in den Feuerwörtern alle Vokale, Umlaute und Doppellaute farbig!

(2) Zeichne Silbenbögen unter die Wörter!

1. Silbe: offen	1. Silbe: geschlossen
rau - chen	bren - nen

(3) Ordne die Wörter in zwei Gruppen!

Etwas, z.B. ein Haus, steht in Flammen:
Damit entfacht man ein Feuer:
Das lodert bei einem Feuer:
Das bleibt bei einem Feuer übrig:
Das steigt aus dem Schornstein auf:
Das wird durch Feuer erzeugt:
Daran wärmen sich Menschen im Freien:

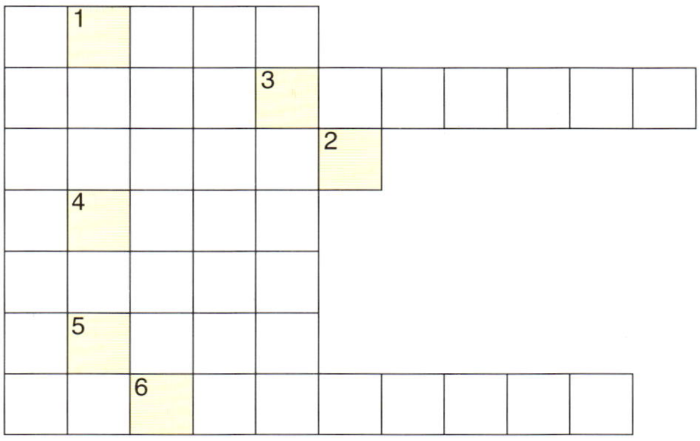

Lösungswort:

1	2	3	4	5	6

Asche, Brand, Flamme, Hitze, Lagerfeuer, Rauch, Streichholz

(4) Setze die passenden Feuerwörter ein!

Lupenstellen: Doppelkonsonanten und (tz)

			 /  
Flamme	*Flamme*	*Flam - me*	
Fass	*Fass*		*Fässer, Fäs - ser*
Wasser			
es glimmt			
Platz			
kommen			
sie fällt			
hell			
fett			
er grillt			
prasseln			
Hitze			

(1) Trage die Wörter in die richtigen Tipp-Spalten ein! Markiere die Lupenstellen!

			 /  

(2) Platz für deine Wörter: Suche in der Wörterliste!

sie fällt – fallen, fett – fetter, hell – heller, die Hitze, die Mitte, die Nummer, der Platz – die Plätze, die Pommes, der Schall, der Schluss – der Schlüssel, das Wasser, zuletzt

Langer Vokal

– I | aa ee oo | h

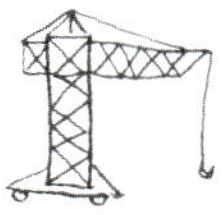

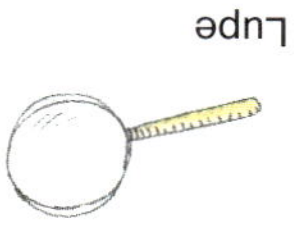

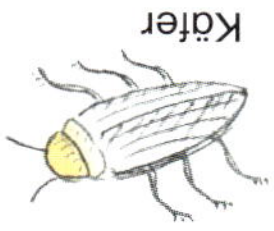

a			
Kran			

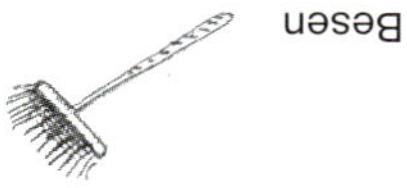

(1) Schreibe den langen betonten Vokal oder Umlaut auf! Kennzeichne mit –!
Schreibe das Wort darunter! Kennzeichne mit – I! Kontrolliere die Wörter!

Tipp von Flipp: Merk es dir!

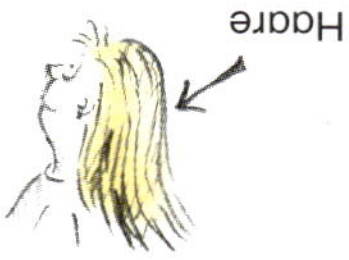

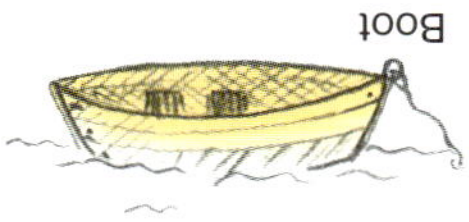

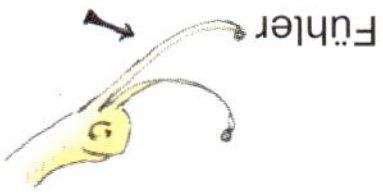

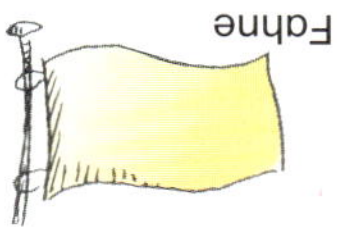

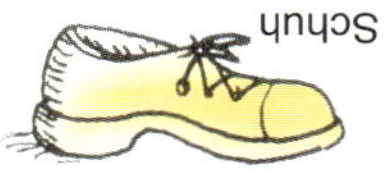

(2) Schreibe die Merkwörter auf und markiere die Lupenstellen rot!

das Boot, der Floh – die Flöhe, die Haare, der Hahn – die Hähne, die Höhle – hohl, das Meer, das Reh – die Rehe, der Tee, die Uhr, ungefähr, während, der Zoo

Vokale klingen lang: Oft hilft nur merken!

Nach einem langen betonten Vokal/Umlaut

____

____

Manchmal steht nach einem langen Vokal/Umlaut

____

Ein langes ⓐ,ⓔ,ⓞ wird manchmal als

____

geschrieben.

Bei einem Wort mit (ie)

____

____

Mit (ih) gibt es nur

____

____

1. Setze in die Regelkarten ein: *noch ein h / steht nur ein Konsonant / aa, ee, oo / wenige Wörter / wird das i immer lang gesprochen*
2. Schreibe in die Wortkarten daneben Beispiele! Schlage in der Wörterliste oder im Wörterbuch nach!

Abschreiben in Portionen: Till auf dem Seil

Text	Übungswörter	Tipps
Till Eulenspiegel hatte ein langes Seil		
von seinem Dach zum nahen Turm gespannt.		
Nun stieg er auf das Dach und von dort auf das Seil.		
Viele Leute kamen gelaufen und riefen:		
„Seht nur! Eine Vorführung!“		
Eulenspiegel aber sah nach unten und rief:		
„Zieht eure linken Schuhe aus		
und gebt sie mir auf das Seil!“		

(1) Schreibe mit dem Tipp von Flipp (S. 14) ab! Notiere deine Übungswörter und die passenden Tipps daneben!

Wörtliche Rede: Witze

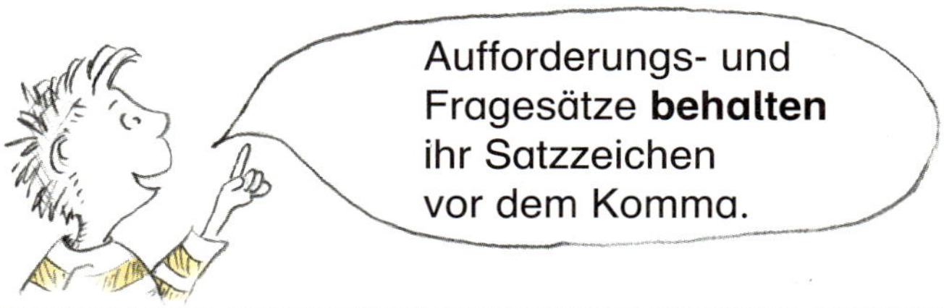

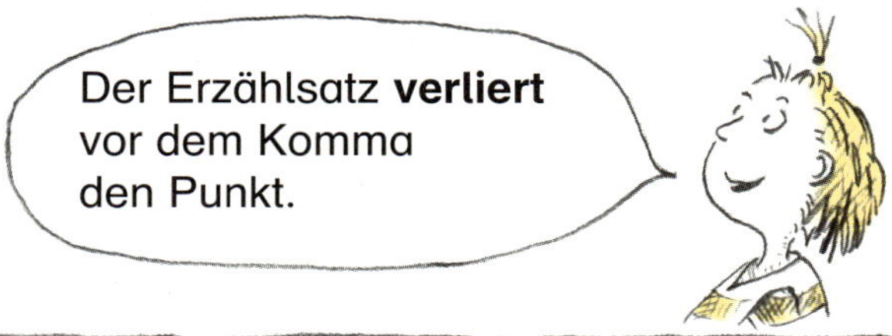

Ein Mann sammelt schon eine ganze Weile Pferdeäpfel ein.

„Was machen Sie denn damit?“ , will ein Junge wissen.

„Die gebe ich zu den Erdbeeren“ , sagt der Mann.

„Aha, mal was anderes als Schlagsahne!“ , ruft der Junge.

„ ~~~~~~~~~~ “, __________ .

wörtliche Rede **Redebegleitsatz**

Wasch dir die Hände, bevor du in die Schule gehst! ruft Oma.

Nicht nötig, ich melde mich doch sowieso nicht antwortet Toni.

Anton, kannst du mir eine Eigenschaft des Wassers nennen? fragt der Lehrer.

Wenn ich mich damit wasche, wird es schwarz antwortet Anton.

Wie ist das denn möglich? Sechzehn Fehler in diesem kurzen Diktat! regt sich der Vater auf. Das liegt bloß an der Lehrerin. Die sucht wie verrückt! empört sich Bastian.

Babsi ist bei der Oma zu Besuch und führt sich wieder einmal recht ungezogen auf.

Babsilein, kleine Mädchen müssen brav sein, sonst geht es ihnen wie Rotkäppchen. Du weißt doch, das hat der Wolf gefressen! droht die Oma.

Ja, ich weiß, aber zuerst hat er sich ja die Großmutter geschnappt antwortet Babsi und grinst ganz frech.

1 Setze die fehlenden Redezeichen und Kommas ein!
Markiere die wörtliche Rede blau und den Redebegleitsatz grün!

Oma möchte wissen, wie ihre Enkelkinder in der Schule sind. — Redebegleitsatz vorne

Sabine berichtet stolz: „Ich bin die Erste im Rechnen.“ — Redebegleitsatz hinten

„Ich bin der Erste im Turnen“, **verkündet Kurt.** — Redebegleitsatz hinten

„Und ich bin der Erste auf dem Schulhof!“, **ruft Paul.**

Fritz fragt Du, Helga, ist es wahr, dass du eine kleine Schwester bekommen hast?
Wie heißt sie denn?
Wir wissen es noch nicht. Sie spricht so undeutlich anwortet Helga.

Das finde ich gemein, dass du dir das größere Stück Kuchen genommen hast!
schimpft Ernst.
Welches hättest du dir denn genommen? fragt Lena.
Ernst antwortet Das kleinere natürlich.
Was schreist du dann? Du hast es ja! lacht Lena.

Karlchen und Sabine streiten sich um einen Ball.
Könnt ihr denn nicht einmal das Gleiche wollen? stöhnt die Mutter.
Das wollen wir ja. Sabine will den Ball und ich will ihn auch! ruft Karlchen.

In der Schule ist Zeichenunterricht. Das Thema lautet: Kuh auf der Weide.
Hans gibt ein leeres Blatt ab. Wo ist denn das Gras? fragt die Lehrerin.
Hans antwortet Das hat die Kuh gefressen. Und wo ist die Kuh? will
die Lehrerin wissen. Na, die ist weitergelaufen meint Hans.

1. Setze die fehlenden Redezeichen, Doppelpunkte und Kommas ein!
Markiere die wörtliche Rede und den Redebegleitsatz!

Netzwerk-Wörter

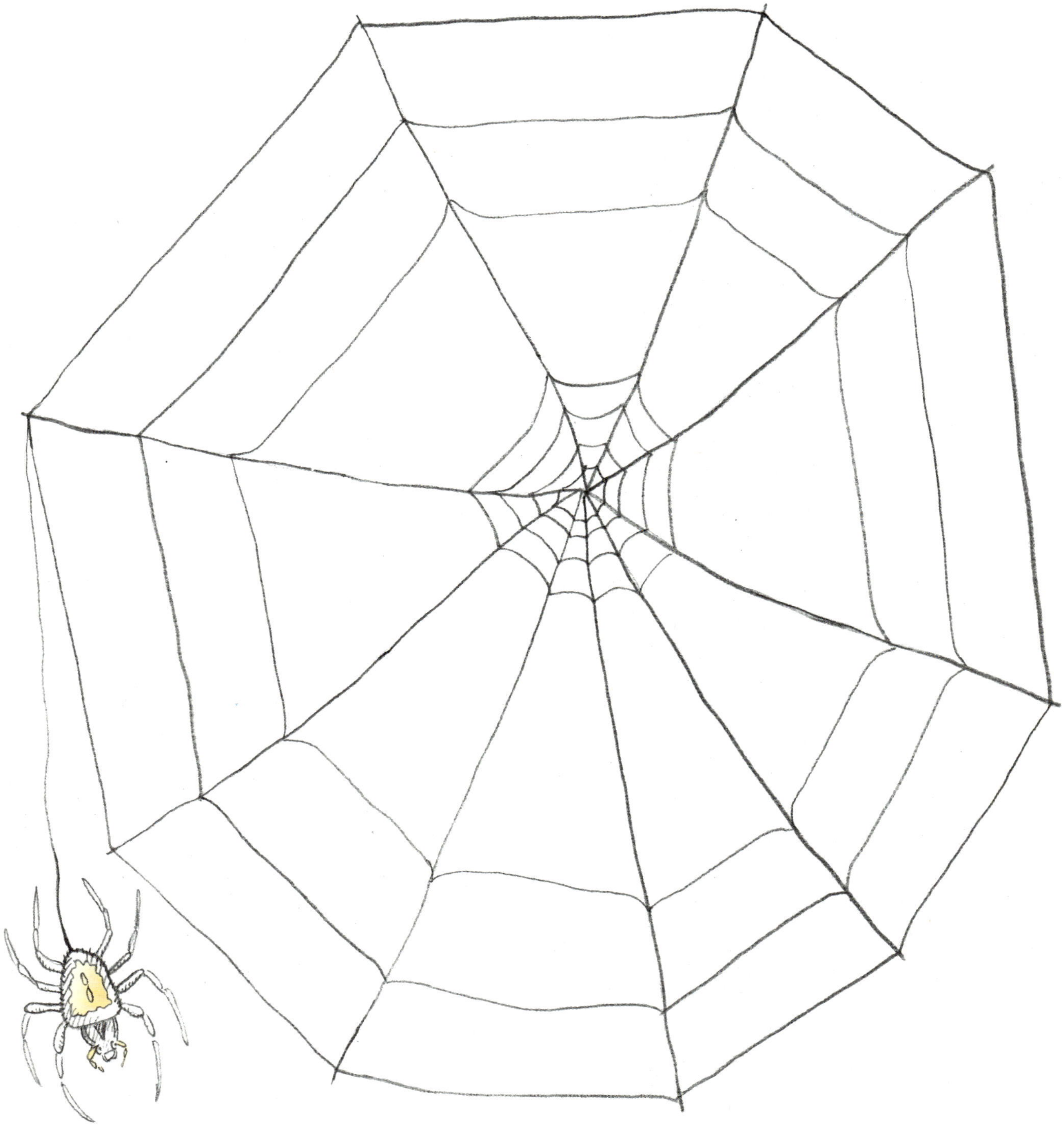

(1) Schreibe die Umweltwörter, die du dir besonders gut merken willst, in das Spinnennetz! Du kannst verschiedene Farben und Stifte verwenden.

Hier findest du einige Vorschläge:

das Altpapier, der Bach, der Container, das Flussbett, die Müllabfuhr, die Müllvermeidung, das Recycling, das Trinkwasser, der Umweltschutz, der Wasserverbrauch, die Wiederverwertung

Wörter mit ß

Gegenteil von:

sauer ______________________

Faulheit ______________________

drinnen ______________________

schwarz ______________________

Ernst ______________________

Anderes Wort für:

zusperren ______________________

„Guten Tag“ sagen ______________________

Blumen Wasser geben ______________________

Fahrbahn ______________________

Körperteil mit Zehen ______________________

gießen, draußen, schließen, weiß, Spaß, grüßen, Fleiß, süß, Straße, Fuß

(1) Löse das Rätsel!

______________________ ______________________

______________________ ______________________

______________________ ______________________

______________________ ______________________

(2) Bilde zusammengesetzte Nomen! Markiere (ß) rot! Achte auf die Wortbausteine!

barfuß

(3) Wortfamilien: Suche jeweils Wörter mit dem Wortstamm Fuß und süß!

außen, fließen, der Fuß, gießen, grüßen – der Gruß, heiß, heißen, das Maß – mäßig, reißen, schließen – schließlich, der Spaß – die Späße, stoßen, süß, weiß

Alle Tipps kurz und klar

Mitsprech-Tipp

- deutlich sprechen
- genau abhören
- beim Schreiben mitsprechen

– Hase

– Storch (scht) → St/st

– Sport (schp) → Sp/sp

– Tier (i) → ie

---

(1) Suche weitere Mitsprechwörter in der Wörterliste!

Merk-Tipp

- genau anschauen
- die Lupenstellen benennen und markieren
- merken

h	(h) nach langem Vokal: „Bahn mit **ah**“	
ih	Wörter mit (ih): „ihr mit **ih**“	
chs	Wörter mit (chs): „Fuchs mit **chs**“	
ai	Wörter mit (ai): „Mai mit **ai**“	
ß	(ß) nach langem Vokal: „Fuß mit **ß**“	
aa ee oo	Wörter mit doppeltem Vokal: „Haare mit **aa**“	
i	Wörter mit langem (i) als (i): „Tiger“	
FW	Fremdwörter: **„Diskette, Clown“**	
ä	Merkwörter mit (ä): „Käfig mit **ä**“	
V/v	Wörter mit (V/v): „Vogel mit **V**“	

(2) Suche weitere passende Merkwörter in der Wörterliste!

Nachdenk-Tipps

- die Lupenstelle benennen
- an eine Regel denken

Verwandte Wörter mit (a/au) suchen: (Äpfel) → von (Apfel), also Äpfel mit (Ä)

Wörter verlängern: (Land) → (Länder), also Land mit (d)

Grundform suchen: (raubt) → von (rauben), also raubt mit (b)

Schreibung durch Trennen erklären: (Kat} – {ze), also Katze mit (tz)

Auf kurzen, betonten Vokal achten, zwei Konsonanten müssen folgen: (Kamm) → kurzes (a), also (mm)

Wortbausteine beachten: (verlaufen) → Wortbaustein [ver], also mit (v)

Nahtstelle bei zusammengesetzten Wörtern beachten: (Fahrrad) aus [Fahr] und [Rad], also (rr)

Nomen großschreiben: an die Beweise denken

(1) Suche weitere passende Nachdenkwörter in der Wörterliste!

Wörterliste

Häufig gebrauchte Wörter*

A ab
aber
als
also
am
an
auf
aus

B bei
bin
bis
bist

D da
dann
das
dass
dein, deine, deiner
dem
den
denn
der
des
dich
die
dies, diese, dieser
dir
doch
du
durch

E ein, eine, einer
er
es
euch
euer, eure

F für

G ganz, ganze, ganzer

H her
hier
hin
hinter

I ich
ihm
ihn, ihnen
ihr, ihre
im
immer
in
ins
ist

J ja
jede, jeder, jedes

K kein, keine, keiner

M man
mein, meine, meiner
mich
mir
mit

N nach
nein
nicht
nichts
nie
nun
nur

O ob
oder
oft

S schon
sehr
sein, seine, seiner
seit
sich
sie
sind
so

U über
um
und
uns, unsere, unser
unten, unter

V viel
vom
von
vor

W wann
warum
was
weil
weiter
welche, welcher
wem
wen
wenig
wenn
wer
wie
wieder
wir
wo

Z zu
zum
zur
zusammen

* Die Wörter aus den Wörterkästen sind gelb markiert.

Wörter zum Nachschlagen und Üben

A

der Aal
der Abend, die Abende
abstauben
die Achse
acht
das Aerobic
der Affe
ähnlich, die Ähnlichkeit
alle, alles
alt, älter, am ältesten
die Ampel
anders, ändern
die Angst, ängstlich, die Ängstlichkeit
antworten
der Apfel, die Äpfel
der April
arbeiten
ärgern
der Arm
arm, ärmer, am ärmsten
der Arzt, die Ärztin
der Ast, die Äste
die Aufgabe
aufräumen, der Raum
das Auge
der August
außen
das Auto

B

das Baby
backen, der Bäcker
baden
das Badminton
die Bahn
der Ball, die Bälle
die Bank, die Bänke
der Bär
das/der Basketball
der Bauch, die Bäuche
der Baum, die Bäume
beginnen, er begann, er hat begonnen
das Bein
das Beispiel
beißen, sie biss
bellen
benutzen
das Benzin
beobachten
bequem, bequemer, am bequemsten
bereits, bereit
der Beruf
der Besen
das Bett, die Betten
bevor
bewegen, er bewegt
bezahlen
biegen, er bog
die Biene
das Bild, die Bilder
die Birne
bisschen
bitten, sie bat, sie hat gebeten
das Blatt, die Blätter
blau
das Blei
bleiben, sie bleibt, sie blieb
der Blick, blicken
blind, der Blinde
der Blitz, blitzen
der Block, die Blöcke
bloß
blühen, es blüht
die Blume
das Blut
die Blüte
der Boden
bohren
das Boot
böse, böser, am bösesten
der Boxer, boxen
der Brand, die Brände
braun
brav, braver, am bravsten
breit, breiter, am breitesten
brennen, es brannte
der Brief
die Brille
bringen, er bringt, er brachte
das Brot, das Brötchen
die Brücke
der Bruder
das Buch
der Buchs
die Büchse
bücken
der Bumerang
bunt, bunter, am buntesten
der Busch
die Butter

C

das Camping (k)
die CD (Compact Disc)
der Cent (s)
der Christ, der Christbaum (k)
der City-Roller (s)
der Clown (k)
der Computer (k)

D

der Dachs
danken
davor
die Decke
die Deichsel
denken, er dachte
deutlich, deutlicher, am deutlichsten

deutsch, das Deutschland
der Dezember
dick, dicker, am dicksten
der Dienstag
die Diskette
der Donner, donnern, der Donnerstag
der Draht, die Drähte
draußen
der Dreck, dreckig
drehen, er dreht
drei
drohen, sie droht
der Druck, drücken
dumm, dümmer, am dümmsten
die Dummheit
dunkel, dunkler, am dunkelsten
dünn, dünner, am dünnsten
dürr, dürrer, am dürrsten
der Durst, durstig

E

die Ecke, eckig
ehrlich, die Ehrlichkeit
das Ei, die Eier
die Eidechse
eigentlich
einladen
eins
das Eis
der Elefant
elf
die Elle
die Eltern
empfinden, empfindlich
das Ende, die Endung
eng, enger, am engsten
entdecken, die Entdeckung
die Ente
entfachen
entfernen, die Entfernung
entgegen
entkleiden
entrinnen
entrümpeln
entsaften
entscheiden, sie entschied, die Entscheidung
entspannen
entwenden
entwickeln, die Entwicklung
entwirren
entwischen
erben
die Erde
erhalten, er erhielt
erlauben, die Erlaubnis
erleben, das Erlebnis
erwarten, die Erwartung
erzählen, die Erzählung
der Esel
essen, sie isst, sie aß
die Eule
der Euro, das Europa

F

die Fahne
fahren, er fährt, er fuhr
das Fahrrad
fallen, es fällt, es fiel
die Familie
fangen, sie fängt, sie fing
die Farbe, färben
der Februar
der Fehler, fehlerfrei
fein, feiner, am feinsten
das Feld, die Felder
das Fenster
die Ferien
der Fernseher, fernsehen
fertig
fett, fetter, am fettesten
feucht, die Feuchtigkeit
das Feuer, die Feuerwehr, das Feuerwerk
die Fichte
finden
der Finger
finster, die Finsternis
die Fitness, das Fitnessstudio
der Fleiß
fleißig, fleißiger, am fleißigsten
fliegen, er fliegt, er flog
fließen, es floss, das Floß
flink, flinker, am flinksten
flitzen
der Floh, die Flöhe
der Flügel
das Flugzeug, die Flugzeuge
der Fluss, die Flüsse
flüssig, die Flüssigkeit
das Foto, fotografieren
das Foul, foulen
fragen, sie fragt
die Frau
frei, die Freiheit
der Freitag
fremd, der Fremde
fressen, er frisst, er fraß

freuen, die Freude
der Freund, die Freundin
der Frieden, friedlich
frieren, sie fror
frisch, frischer, am frischesten
fröhlich, die Fröhlichkeit
der Frosch
die Frucht
früh, früher, am frühesten
der Frühling
der Fuchs
fühlen, das Gefühl
führen, die Führung
füllen, der Füller
fünf
der Fuß

G

die Garderobe
die Gardine
der Garten, die Gärten
das Gebäude, bauen
geben, er gibt, er gab
die Geburt, der Geburtstag
die Gefahr, gefährlich
geheim, das Geheimnis
gehen, sie geht, sie ging, sie ist gegangen
der Geist
gelb, gelbe
das Geld, die Gelder
die Gemeinde
das Gemüse
gern, lieber, am liebsten
das Geschäft, schaffen
geschehen, es geschieht, es geschah
das Gesetz
das Gesicht
gestern
gesund, gesünder, am gesündesten
das Gewitter
gießen, sie goss
das Gift, giftig
glatt, die Glätte
gleiten, er glitt
das Glück, glücklich
glühen, es glüht
der Gott
das Gras, die Gräser
groß, größer, am größten
der Gruß, grüßen
gut, besser, am besten

H

das Haar, die Haare
haben, er hat, er hatte
der Hahn, die Hähne
der Hals, die Hälse
halten, sie hält, sie hielt
die Hand, die Hände
das Handy
hängen, er hing, er ist gehangen
hart, härter, am härtesten
der Hase
häufig, der Haufen
das Haus, die Häuser
zu Hause
die Haut, die Häute
heben, du hebst
die Hecke
heiß, heißer, am heißesten
heißen
heiter, die Heiterkeit
heizen, die Heizung
helfen, er hilft, er half, er hat geholfen
hell, heller, am hellsten
das Hemd, die Hemden
der Herbst
der Herd, die Herde
der Herr
heute
die Hexe
der Himmel
die Hitze
hoch, höher, am höchsten
hocken
hoffen, hoffentlich
die Höhe
hohl, die Höhle
hören
die Hose
der Hund, die Hunde
hundert
der Hunger, hungrig
hüpfen

I

der Igel
impfen, die Impfung
informieren, die Information
inlineskaten, die Inlineskates
das Interesse, interessant
das Interview

J

das Jahr, jährlich
der Januar
die Jeans
jemand, jemanden
joggen, das Jogging, der Jogginganzug
das Judo
die Jugend, jugendlich
der Juli

jung, jünger, am jüngsten
der Junge
der Juni

K

die Kabine
der Käfer
der Käfig, die Käfige
der Kalender
kalt, kälter, am kältesten
die Kälte
der Kamin
der Kamm, kämmen
die Kappe, das Käppchen
das Karate
die Kartoffel
die Katze
kaufen
kehren
kennen, er kannte
das/der Ketschup/Ketchup
die Kette
die Kiefer
das Kind, die Kinder, die Kindheit
der Kiosk
klar, erklären
die Klasse
der Klee
das Kleid, die Kleider
klein, kleiner, am kleinsten
klettern
klug, klüger, am klügsten
der Knochen
der Kobold
kommen, er kam
der Kompass
können, er kann, er konnte
der Kopf
der Korb, die Körbe
der Körper
die Kraft, kräftig
krank, kränker, am kränksten
die Krankheit
kratzen
kraulen
das Kraut, die Kräuter
das Kreuz, die Kreuzung
kriechen, es kroch
der Krieg, die Kriege
die Kuh, die Kühe
kühl, kühler, am kühlsten
kühlen
der Kürbis
kurz, kürzer, am kürzesten
der Kuss, die Küsse

L

der Lachs
das Lager, lagern
das Land, die Länder
lang, länger, am längsten
langsam
der Lärm
lassen, er lässt, er ließ
das Laub
laufen, sie läuft, sie lief
laut, lauter, am lautesten
die Lava
leben, er lebt
leeren
legen, sie legt
lehren, der Lehrer, die Lehrerin
leicht, leichter, am leichtesten
leise
lernen
lesen, sie liest, sie las
letzte, letzter
leuchten
die Leute
das Lexikon, die Lexika
das Licht
lieb, lieben, die Liebe
das Lied, die Lieder
liegen, es liegt
links
lodern
der Löffel
der Lohn, belohnen
löschen
die Lupe
lustig, lustiger, am lustigsten

M

machen
das Mädchen
der Magnet
der Mai
malen
die Mandarine
der Mann, die Männer
die Marine
der März
die Maschine
das Maß, mäßig
die Maus, die Mäuse
die Medien
die Medizin
das Meer
mehr
der Mensch, menschlich, die Menschlichkeit
messen, er misst, er maß
das Messer
die Miete
die Minute
der Mittag, die Mitte
der Mittwoch
mixen
der Monat
das Monster
der Montag
das Moor

das Moos
am Morgen
morgen
das Mountainbike
der Müll
der Mund, die Münder
müssen, muss
die Mutter

N

die Nacht, die Nächte
nah, näher, am nächsten
die Nähe
nähen, die Naht
die Nahrung, ernähren, die Ernährung
der Name
nämlich
die Nase
nass, die Nässe
die Natur, natürlich
der Nebel
nehmen, er nimmt, er nahm, er hat genommen
neu
neun
niemals
niemand, niemanden
der November
die Nummer, nummerieren
die Nuss, die Nüsse
nützen, nützlich

O

der Ochse
offen, öffentlich
öffnen
ohne
das Ohr
der Oktober
das Öl
das Olympia, die Olympiade
der Onkel
orange, die Orange
ordnen, die Ordnung
das Ostern, österlich

P

das Paar
ein paar
packen, das Päckchen
das Paket
das Papier
der Pass, die Pässe
passen
der Pfeil
das Pferd, die Pferde
pflanzen
pflegen, sie pflegt
der Pilz
die Pizza
plätschern
der Platz, die Plätze
plötzlich
die Pommes
das Programm
die Puppe
putzen

Q

das Quadrat
quaken
die Qual, quälen
die Quelle
quietschen

R

der Rabe
das Radio
das Rafting
raten, das Rätsel
die Raupe
rechnen
rechts
das Recycling
reden
der Regen
das Reh, die Rehe
reich, reicher, am reichsten
reisen
reißen, sie riss
reiten, sie ritt
der Rekord
rennen, er rannte
richtig
riechen, der Geruch
der Riese
der Rock
rollen
die Rollerblades
das Ropeskipping
die Rosine
rot
der Rücken
rufen, er rief
die Ruhe, ruhig
rühren
der Ruß

S

der Saal, die Säle
der Saft, die Säfte
sagen, er sagt
der Salamander
das Salz
sammeln, die Sammlung
der Samstag
der Samt
der Sand, sandig
der Satz, die Sätze
sauer, saurer, am sauersten
sausen
der Scanner
der Schall
schalten, der Schalter
scharf, schärfer, am schärfsten
der Schatten
schauen
scheinen
schenken
die Schere
der Schi/der Ski

schieben, er schob
schief, schiefer, am schiefsten
schießen, er schoss
schimpfen
schlafen, sie schläft, sie schlief
schlagen, er schlägt, er schlug
die Schlange
der Schlauch, die Schläuche
schließen, er schloss
schließlich
schlimm, schlimmer, am schlimmsten
schlucken
der Schluss
der Schlüssel
schmecken
der Schmetterling
der Schmutz, schmutzig
die Schnecke
der Schnee
schneiden, er schnitt
schnell, schneller, am schnellsten
schön, schöner, am schönsten
die Schönheit
der Schreck, schrecklich, erschrecken
schreiben, sie schreibt, sie schrieb
schreien, er schrie
der Schuh, die Schuhe
die Schule
schütteln
schützen, der Schutz
schwarz
schweigen, sie schwieg
schwer, schwerer, am schwersten
die Schwester
schwierig, die Schwierigkeit
schwimmen, er schwamm, er ist geschwommen
schwitzen
sechs
der See
sehen, er sieht, er sah
die Seife
die Sekunde
der September
servieren
der Sessel
setzen, besetzt
sieben
singen, sie singt, sie sang, sie hat gesungen
sitzen, er saß, er ist gesessen
das Skateboard
die Skizze, skizzieren
das Snowboard
der Sohn
sollen
der Sommer
die Sonne, der Sonntag, die Sonnenwende
die Spagetti/die Spaghetti
die Spange
spannen, die Spannung
sparen
der Spaß, die Späße
spät, verspäten
der Spatz
der Spaziergang, spazieren
der Spiegel, spiegeln
spielen
die Spindel
die Spinne
die Spitze, spitz
der Sport
springen
sprinten
die Spur
der Spurt
die Stadt, die Städte
der Stamm, die Stämme
die Stange, der Stängel
stark, stärker, am stärksten
der Start, starten
stehen, sie steht, sie stand
steigen, er stieg
stellen, die Stelle
das Steuer, steuern
der Stiefel
der Stiel
der Stift
still, stiller, am stillsten
stimmen, bestimmt
die Stirn
der Stoff, die Stoffe
der Storch
stoßen, er stieß
der Strand, die Strände
die Straße
der Strauch, die Sträucher
der Strauß, die Sträuße
strecken
streiten, er stritt
das Stroh
strömen, der Strom
das Stück
der Stuhl
die Stunde
der Sturm, stürmisch
suchen
die Suppe
surfen, das Surfbrett

süß, süßer, am süßesten
die Süßigkeit
das Sweatshirt

T
die Tafel
der Tag, die Tage, täglich
das Tandem
die Tanne
die Tante
die Tasche
die Tasse
tausend, tausende/Tausende
das Taxi
die Technik
der Teddy
der Tee
teilen
das Telefon
der Teller
die Temperatur
das Tennis
der Termin
der Text
das Theater
das Thermometer
tief, tiefer, am tiefsten
das Tier
der Tisch
der Toast, toasten, der Toaster
die Tochter
toll, toller, am tollsten
der Ton
die Tonne
tragen, er trägt, er trug
das Training
die Träne
die Trauer, traurig, die Traurigkeit
der Traum, träumen
treffen, er trifft, er traf, er hat getroffen
treu
trinken, er trank, er hat getrunken
trocken
tropfen, der Tropfen
das T-Shirt
der Turm
turnen

U
üben, sie übt, die Übung
überholen
überqueren
überraschen, die Überraschung
die Uhr
umkehren
ungefähr
der Unterricht
der Urlaub, der Urlauber

V
der Vampir (W)
die Vase (W)
der Vater
das Ventil (W)
die Verantwortung
verbieten, er verbot
verbinden, sie verband, sie hat verbunden
verbrauchen
verbrennen, es verbrannte, die Verbrennung
der Verein, vereinen
vergessen, sie vergisst, sie vergaß
vergleichen, der Vergleich
der Verkehr
verletzen, die Verletzung
verlieren, er verlor
vermeiden
verpacken, die Verpackung
verreisen
verschmutzen, die Verschmutzung
verschwenden, die Verschwendung
versuchen
das Video (W)
viel, mehr, am meisten
vielleicht
vier, vierzig
die Villa (W)
das Vitamin (W)
der Vogel
voll, vollständig, völlig
das/der Volleyball (W)
die Vorfahrt
vorführen, die Vorführung
vorlesen, er las vor, er hat vorgelesen
vorschreiben, sie schrieb vor, sie hat vorgeschrieben
die Vorsicht, vorsichtig
vorsingen, er sang vor, er hat vorgesungen
vorstellen, die Vorstellung
vortragen, er trug vor, er hat vorgetragen
der Vulkan (W)

W
die Waage
das Wachs
wachsen, sie wuchs, das Gewächs
die Wahl, wählen
während
der Wal

der Wald, die Wälder
das Walking
wandern
warm, wärmer, am wärmsten
die Wärme
warten
waschen, er wäscht, er wusch
das Wasser
wechseln
wecken, der Wecker
der Weg, die Wege
weich, weicher, am weichsten
das Weihnachten
weiß
weit, weiter, am weitesten
die Welle
werden, es wird, es wurde, es ist geworden
wertvoll, wertvoller, am wertvollsten
die Wette, wetten
das Wetter
wichtig, wichtiger, am wichtigsten
wiegen, sie wog
die Wiese
das Wiesel
wild, wilder, am wildesten
der Wind, die Winde
der Winter
wissen, er weiß, er wusste
die Woche
wohnen
wollen, er will
das Wort
wühlen
wünschen
der Würfel
der Wurm
die Wurzel
die Wut, wütend

Z

die Zahl, zählen
der Zahn, die Zähne
zaubern, der Zauberer
die Zehe
zehn
zeichnen, die Zeichnung
zeigen, sie zeigt
die Zeit, die Zeitung
das Zeugnis
ziehen, er zieht, er zog
das Ziel, zielen
das Zimmer
der Zoo
der Zopf
der Zorn, zornig
der Zucker
die Zukunft, zukünftig
zuletzt
zurück
zwei
die Zwiebel
zwölf

Unregelmäßige* Verben

	Grundform	Gegenwart	1. Vergangenheit	2. Vergangenheit
B	beginnen	ich beginne	ich begann	ich habe begonnen
	beißen	ich beiße	ich biss	ich habe gebissen
	beschließen	ich beschließe	ich beschloss	ich habe beschlossen
	biegen	ich biege	ich bog	ich habe gebogen
	bleiben	ich bleibe	ich blieb	ich bin geblieben
	brennen	ich brenne	ich brannte	ich habe gebrannt
	bringen	ich bringe	ich brachte	ich habe gebracht
D	denken	ich denke	ich dachte	ich habe gedacht
	dürfen	ich darf	ich durfte	ich habe gedurft
E	empfinden	ich empfinde	ich empfand	ich habe empfunden
	essen	ich esse, du isst	ich aß	ich habe gegessen
F	fahren	ich fahre, du fährst	ich fuhr	ich bin/habe gefahren
	fallen	ich falle, du fällst	ich fiel	ich bin gefallen
	fangen	ich fange, du fängst	ich fing	ich habe gefangen
	finden	ich finde	ich fand	ich habe gefunden
	fliegen	ich fliege	ich flog	ich bin/habe geflogen
	fließen	ich fließe	ich floss	ich bin geflossen
	frieren	ich friere	ich fror	ich habe gefroren
G	geben	ich gebe, du gibst	ich gab	ich habe gegeben
	gehen	ich gehe	ich ging	ich bin gegangen
	geschehen	es geschieht	es geschah	es ist geschehen
	gewinnen	ich gewinne	ich gewann	ich habe gewonnen
	gießen	ich gieße	ich goss	ich habe gegossen
H	haben	ich habe	ich hatte	ich habe gehabt
	halten	ich halte, du hältst	ich hielt	ich habe gehalten
	hängen	ich hänge	ich hing	ich bin/habe gehangen
	heißen	ich heiße	ich hieß	ich habe geheißen
	helfen	ich helfe, du hilfst	ich half	ich habe geholfen

* Bei den unregelmäßigen Verben verändert sich der Wortstamm in den Zeitformen.

	Grundform	Gegenwart	1. Vergangenheit	2. Vergangenheit
K	kennen	ich kenne	ich kannte	ich habe gekannt
	kommen	ich komme	ich kam	ich bin gekommen
	können	ich kann	ich konnte	ich habe gekonnt
	kriechen	ich krieche	ich kroch	ich bin gekrochen
L	lassen	ich lasse, du lässt	ich ließ	ich habe gelassen
	laufen	ich laufe, du läufst	ich lief	ich bin gelaufen
	lesen	ich lese, du liest	ich las	ich habe gelesen
	liegen	ich liege	ich lag	ich bin/habe gelegen
M	messen	ich messe, du misst	ich maß	ich habe gemessen
	mögen	ich mag	ich mochte	ich habe gemocht
	müssen	ich muss	ich musste	ich habe gemusst
N	nehmen	ich nehme, du nimmst	ich nahm	ich habe genommen
	nennen	ich nenne	ich nannte	ich habe genannt
R	raten	ich rate, du rätst	ich riet	ich habe geraten
	reißen	ich reiße	ich riss	ich habe gerissen
	reiten	ich reite	ich ritt	ich bin/habe geritten
	rennen	ich renne	ich rannte	ich bin gerannt
	riechen	ich rieche	ich roch	ich habe gerochen
	rufen	ich rufe	ich rief	ich habe gerufen
S	schieben	ich schiebe	ich schob	ich habe geschoben
	schießen	ich schieße	ich schoss	ich habe geschossen
	schlafen	ich schlafe, du schläfst	ich schlief	ich habe geschlafen
	schlagen	ich schlage, du schlägst	ich schlug	ich habe geschlagen
	schließen	ich schließe	ich schloss	ich habe geschlossen
	schneiden	ich schneide	ich schnitt	ich habe geschnitten
	schreiben	ich schreibe	ich schrieb	ich habe geschrieben
	schweigen	ich schweige	ich schwieg	ich habe geschwiegen
	schwimmen	ich schwimme	ich schwamm	ich bin geschwommen
	sehen	ich sehe, du siehst	ich sah	ich habe gesehen

	Grundform	Gegenwart	1. Vergangenheit	2. Vergangenheit
S	sein	ich bin, du bist, er ist, wir sind, ihr seid, sie sind	ich war	ich bin gewesen
	singen	ich singe	ich sang	ich habe gesungen
	sitzen	ich sitze	ich saß	ich bin/habe gesessen
	sollen	ich soll	ich sollte	ich habe gesollt
	stehen	ich stehe	ich stand	ich bin/habe gestanden
	stoßen	ich stoße, du stößt	ich stieß	ich bin/habe gestoßen
	streiten	ich streite	ich stritt	ich habe gestritten
T	tragen	ich trage, du trägst	ich trug	ich habe getragen
	treffen	ich treffe, du triffst	ich traf	ich habe getroffen
	treten	ich trete, du trittst	ich trat	ich bin/habe getreten
	trinken	ich trinke	ich trank	ich habe getrunken
V	verbieten	ich verbiete	ich verbot	ich habe verboten
	verbinden	ich verbinde	ich verband	ich habe verbunden
	vergessen	ich vergesse, du vergisst	ich vergaß	ich habe vergessen
	verlieren	ich verliere	ich verlor	ich habe verloren
W	wachsen	ich wachse, du wächst	ich wuchs	ich bin gewachsen
	waschen	ich wasche, du wäschst	ich wusch	ich habe gewaschen
	werden	ich werde, du wirst	ich wurde	ich bin geworden
	werfen	ich werfe, du wirfst	ich warf	ich habe geworfen
	wiegen	ich wiege	ich wog	ich habe gewogen
	wissen	ich weiß	ich wusste	ich habe gewusst
	wollen	ich will	ich wollte	ich habe gewollt
Z	ziehen	ich ziehe	ich zog	ich habe gezogen

Pronomen
(Fürwörter)

Pronomen stehen für Nomen.

Einzahl: *ich, du, er, sie, es*
Mehrzahl: *wir, ihr, sie*
Pronomen schreibt man im Brief als höfliche Anrede groß: *Sie, Ihr, Ihnen*

Artikel
(Begleiter)

Bestimmte Artikel: *der, die, das*
Unbestimmte Artikel: *ein, eine*

Nomen
(Namenwörter)

Nomen sind Namen für Lebewesen und Dinge oder für Gefühle, Stimmungen und Ereignisse (abstrakte Nomen).

Beweise für Nomen:

- *Fluss* ist ein Name für … *ein fließendes Gewässer*
- Artikel: *der Fluss, ein Fluss*
- Einzahl/Mehrzahl: *der Fluss, die Flüsse*
- Wortbausteine: *ung*, *heit*, *keit*, *nis*

Nomen können in vier Fällen stehen:

- Wer-Fall (Nominativ): *der Tag*
- Wessen-Fall (Genitiv): *des Tages*
- Wem-Fall (Dativ): *dem Tag*
- Wen-Fall (Akkusativ): *den Tag*

Nomen können zusammengesetzt sein:

Reise *pass*, *der* *Geburt* (s) *tag*

Verben
(Tunwörter)

Verben sagen, was Lebewesen und Dinge tun und was geschieht.

Beweise für Verben:

- Was tut jemand? *laufen*
- Was geschieht? *es klingelt*
- Passen hinter (ich) (du) (er) (sie) (es) (wir) (ihr
  ich fühle, du fühlst
- Zeitformen: Gegenwart: *ich laufe*
  1. Vergangenheit: *ich lief*
  2. Vergangenheit: *ich bin gelaufe*
  Zukunft: *ich werde laufen*
- Endungen: *(ich) e, (du) st, (er/sie/es) t, (wir) en, (ihr) t, (sie) en*